天に誓って「南京大虐殺」はあったのか

『ザ・レイプ・オブ・南京』著者
アイリス・チャンの霊言

大川隆法 RYUHO OKAWA

まえがき

戦後の日本の政治体制、そして今後の世界の戦略地図を書きかえる意味でも、本書刊行の意義は大きいと思う。

日本を憲法9条の鎖《くさり》でしばり上げておくことが、現在の中国の国家戦略であり、アジア・オセアニア戦略でもあろう。「南京大事件」を信じる限り、アメリカ合衆国も中国との運命共同体にとりこむことができるのである。

「南京大虐殺《ナンキンだいぎゃくさつ》」とやらをナチスのホロコースト並みの人道上の罪に仕立てあげ、

ベトナム、フィリピン、オーストラリアが日本に防衛協力を求めており、自衛隊機が三十メートルまで中国空軍機に急接近して脅《おど》されている現在、日本のフィロソフィは変えねばなるまい。日本悪玉論の原点となったアイリス・チャンの『ザ・レイプ・オブ・南京』が間違っていたかどうかが、大きな転換点になると思う。

二〇一四年　六月十二日

幸福《こうふく》の科学《かがく》グループ創始者兼総裁《そうししゃけんそうさい》　大川隆法《おおかわりゅうほう》

天に誓って「南京大虐殺」はあったのか　目次

天に誓《ちか》って「南京大虐殺《ナンキンだいぎゃくさつ》」はあったのか

――『ザ・レイプ・オブ・南京』著者アイリス・チャンの霊言《れいげん》――

二〇一四年六月十二日　収録
東京都・幸福の科学総合本部にて

「霊言現象《れいげん》」とは、あの世の霊存在の言葉を語り下ろす現象のことをいう。これは高度な悟《さと》りを開いた者に特有のものであり、「霊媒現象《れいばい》」（トランス状態になって意識を失い、霊が一方的にしゃべる現象）とは異なる。外国人霊の霊言の場合には、霊言現象を行う者の言語中枢《ちゅうすう》から、必要な言葉を選び出し、日本語で語ることも可能である。

また、人間の魂《たましい》は原則として六人のグループからなり、あの世に残っている「魂の兄弟」の一人が守護霊《しゅごれい》を務めている。つまり、守護霊は、実は自分自身の魂の一部である。したがって、「守護霊の霊言」とは、いわば本人の潜在《せんざい》意識にアクセスしたものであり、その内容は、その人が潜在意識で考えていること（本心）と考えてよい。

なお、「霊言」は、あくまでも霊人の意見であり、幸福の科学グループとしての見解と矛盾《むじゅん》する内容を含《ふく》む場合がある点、付記しておきたい。

天に誓《ちか》って「南京《ナンキン》大虐殺《だいぎゃくさつ》」はあったのか

――『ザ・レイプ・オブ・南京』著者アイリス・チャンの霊言《れいげん》――

二〇一四年六月十二日　収録

東京都・幸福の科学総合本部にて

アイリス・チャン（一九六八～二〇〇四）

ジャーナリスト。中国系アメリカ人。アメリカ合衆国ニュージャージー州生まれでイリノイ州で育つ。イリノイ大学ジャーナリズム学部卒業。ＡＰ通信、シカゴ・トリビューンで勤務後、ジョンズ・ホプキンス大学大学院で学ぶ。一九九七年、『ザ・レイプ・オブ・南京』を発刊するとともに、南京事件をホロコーストにたとえ、「日本の戦争犯罪を徹底的に追及すべき」と各地で講演した。二〇〇四年、自動車内で死んでいるのを発見。死因は拳銃自殺とされた。

質問者　※質問順

小林早賢《こばやしそうけん》（幸福の科学広報・危機管理担当副理事長）

綾織次郎《あやおりじろう》（幸福の科学上級理事 兼「ザ・リバティ」編集長）

及川幸久《おいかわゆきひさ》（幸福実現党外務局長）

［役職は収録時点のもの］

1　「日本悪玉論」の〝張本人〟に訊《き》く

「南京大虐殺論争」に〝とどめ〟を刺すために

大川隆法　この前、国際政治学者の藤原帰一《きいち》氏の守護霊霊言（『危機の時代の国際政治――藤原帰一東大教授守護霊インタビュー――』〔幸福の科学出版刊〕参照）を録《と》ったときに、「南京大虐殺のところを言うんだったら、アイリス・チャンの霊言をやったらいいじゃないか。自分らでそれを調べて、正しいことを言っているなら、天使になっているだろう。間違ったことを言っているなら、地獄へ堕ちているだろうよ。それを見たら分かるから、自分らで調べられるじゃないか」というようなことを他人事《ひとごと》のように言っていましたが、確かに、その手もあるかとは思いました。

どうも、南京事件の資料等を読むと、頭が痛くなったり体が重くなったりと、気分が良くないので、私もあまり乗らなくて、しばらく放《ほう》っておいたのです。

昨日も、「明日、もしかしたら……」と思って、夜に『ザ・レイプ・オブ・南京』を九十ページぐらいまで読んだのですが、やはり頭が痛くなってきたため、二百六十ページあるところを途中でやめ、「まあ、別の日かな」と思って（笑）、そのまま寝たのです。

すると、夜中の三時ごろ、渡部昇一先生が夢枕《ゆめまくら》に立たれて、明け方までずっとおられたのです。それは、直接的なものではなく、守護霊も来ていたとは思いますが、いろいろな話をしたりしていたのです。

「幸福の科学大学の設立のことを心配されているのかもしれない」と思いつつも、寝る前に、『ザ・レイプ・オブ・南京』を読みかけて途中でやめてしまい、今日やるかやらないかを判断しないままで寝てしまったため、それで、もしかしたら、プッシュに来ていたのかもしれません。大事件でもあり、渡部先生もライフワーク的に追っているものでもあるかと思います。

言論ではいくらでも言えるのでしょうが、「確たる証拠」を出せないところがつらい部分でしょう。そういうところもあって、とどめを刺せないでいるのではないでしょうか。

そういうことで、「従軍慰安婦」の問題等も、結局、霊言でやりましたし、韓国・朴槿恵《パククネ》大統領や中国・習近平《しゅうきんぺい》国家主席等についても、守護霊霊言によって、かなり人物像を調べて判定したことが、結果的には、今、だいたいそのとおりになってきているわけです（『従軍慰安婦問題と南京大虐殺は本当か？』『守護霊インタビュー　朴槿恵韓国大統領　なぜ、私は「反日」なのか』〔以上、幸福の科学出版刊〕、『神に誓って「従軍慰安婦」は実在したか』『世界皇帝をめざす男』『中国と習近平に未来はあるか』〔以上、幸福実現党刊〕等参照）。

習近平氏については、国家主席になる前に、当会では「〝習近平〟像」を出してありましたけれども、結果はそのとおりになってきています。

現在、ベトナムやフィリピンやオーストラリアも含めて、日本とタイアップして、対中国防衛に入りたいというような動きを示していますので、これを見るかぎり、「安倍政権がタカ派であるために、中国が急に硬化し、軍国主義になった」というわけではないと思います。この十年以上、あるいは二十年近く、着々と準備を進めてきていたものの〝真打ち〟がやっと出てきたのではないでしょうか。

天安門事件を隠蔽《いんぺい》する中国の〝逆洗脳作戦〟に使われたのか？

大川隆法　アイリス・チャンは、中国系の若い女性で、両親がアメリカに移住して、向こうで生まれた方なのです。ただ、一九六八年生まれとのことで、私より十二年も年下であり、終戦後二十三年たってから生まれている方なので、戦争をまったく知らない世代です。

『ザ・レイプ・オブ・南京』には、「南京事件について、両親は、自分が幼いころから一生懸命に語っていた」と書かれているものの、「二人とも、実際に見たわけではない」とも書いてあったと思います。つまり、「実際に見てはいないけれども、話としては聞いた」というものです。

アイリス・チャンは、大学でジャーナリズムを勉強し、ジャーナリストの駆け出しをやって、二十九歳のときに、この『ザ・レイプ・オブ・南京』を書いているのです。本としては二冊目ぐらいではないかと思います。

そして、その資金は中国系の人たちから提供されているようです。

本人は、「アメリカでは、ドイツのホロコースト事件等はよく知られているのに、南京事件はほとんど知られていないし、世界的にも知られていない。東京大空襲や広島・長崎への原爆で、大勢の人が死んだということは知られているけれども、南京事件は知られていないので、これを知らせる義務があるのだ」というようなことを言っています。

また、本書が出された時期は一九九七年です。

本人の言によれば、「この南京大虐殺事件が知られていなかった理由は、戦後、冷戦構造が始まり、『日米 対 中ソ』の対立構造になってきたために、これに蓋《ふた》をされていたのだろう。しかし、ソ連が崩壊し、冷戦が終わったことによって、事実が明るみになってきたのだ」という言い方をしています。

現実に、アイリス・チャン本人が気がついているか、いないかは知りませんが、「一九八九年に、中国では天安門事件があり、その内容について、国際的にいろいろと情報がたくさんやり取りされて、その過程で南京大虐殺が明るみに出てきた」と書いているのです。

しかし、それについては、今、当会の「THE《ザ》 FACT《ファクト》」（ネット配信番組）等でも放映していますけれども、「天安門事件がきっかけで、その後、この問題が出てきた」というのは、実におかしな話で、それこそ、今の〝中国のやり口〟そのものです。「天安門事件では、何千人、あるいは一万か二万といった、万単位の学生等が殺されたのではないか」ともされていますが、その事実は隠蔽されて、いまだに分からないのです。情報管制が敷かれ、一切報道させないように抑え込んでいます。

彼女は、「海外の中国人等とやり取りをしながら調べている過程で、これが出てきた」と言っているのですが、これは、むしろ、「日本がすべて悪かったんだ」と持っていく、中国側の〝逆洗脳作戦〟のなかで出てきたものである可能性が極めて高いでしょう。

「米中接近の時代」に、「日本悪玉論」に利用された？

大川隆法　週刊誌には「反日のジャンヌ・ダルク　アイリス・チャンとは何者か」などと書かれていましたけれども、「アイリス・チャンという、まだ二十代の若くて勉強不足のジャーナリストに情報を与えて書かせ、アメリカでの『日本は悪である』というキャンペーンを張るための材料として使われたのではないか。踊らされたのではないか」という感じが非常に強くします。

一九九二年から二〇〇〇年当時、アメリカは、ちょうどクリントン政権であり、この間に米中が非常に接近し、貿易額も大きくなり、中国の経済発展がグーッと進んでいったわけです。中国は、ソ連が崩壊し、自分のところも崩壊することを非常に怖がったと思うのです。だから、その反面、「軍事的な一元管理を強化して軍国主義を固めつつ、アメリカとの貿易も拡大し、経済大国も目指して、ソ連のようにならないようにしよう」という方針で固めていったと思われます。

それで、日本の二十年の長期不況も始まるわけですが、それは九〇年代に端《たん》を発しています。

一九九七年ごろも、まさしく〝仕掛けられた〟というところかもしれません。このへんに、河野談話に続き、村山談話も出たりと、いろいろしていると思いますが、「認めた」という感じになって、付け込まれてきたような状態だと思います。当時はまだ、中国は被害者ぶることができたのでしょうが、その後、二〇一〇年を超えたあたりから、被害者どころではなく、「狼だった」という感じになってきつつあるのではないでしょうか。

このへんについて、向こうには戦略性があったけれども、日本のほうにはなかったということだと思います。

この南京大虐殺事件が大きく知られるようになったのは、この本（『ザ・レイプ・オブ・南京』）が一九九七年に出てからで、当会としては、ちょうど宇都宮に総本山を開き、正心館の次に未来館を建立したころでした。そのころに出た本なのです。それが五十万部ぐらいのベストセラーとなり、向こうで有名になって、やがて世界中に知られるようになっていったわけです。

ところが、この人は、二〇〇四年、わずか三十六歳のときに、いろいろな薬物等で自分を麻痺させるようなことをしながら、最後はピストル自殺をして亡くなっています。「謎の怪死」を遂《と》げているわけです。それについては、良心の痛みがあったのか、あるいは、ジャーナリストとしての限界があったのではないかという説もあります。

日本軍の「バターン死の行軍」について、いろいろ調べて書いているうちに、ジャーナリストとしての限界も感じており、「実際に取材をして書いてみると、自分の思うような結論に持っていけない」という苦しみもあったようではあります。

ただ、本当に自殺をしたのか、あるいは口封《くちふう》じをされたのかは、よく分かりません。しかし、不思議な感じはしますので、口封じをされた可能性もあるのではないかと思わなくもありません。

中国による南京大虐殺の「世界記憶遺産」申請を阻止したい

大川隆法　また、現時点の日本を取り巻く環境としては、日本やベトナム、フィリピン、オーストラリア等が、米軍と一緒に協力関係をとって防衛体制を敷かなければいけないという方向に与党が舵を取っています。ところが、野党や公明党のほうが激しく抵抗しているというような状況でもあります。

しかも、日本で集団的自衛権の話をしているときでもあるので、中国は、「南京大虐殺」や、韓国の言っている「従軍慰安婦」の事件等の記録を、「世界記憶遺産」に登録するようなことを打ち上げたりしており、それを、菅官房長官が「撤回してほしい」と申し入れているような状況です。

さらに、最近のニュースでは、「中国機が、自衛隊機に三十メートルまで近づいた」というようなことが言われています。実際に、ジェット機で三十メートルまで近づかれた場合、正当防衛で、攻撃を受けたら反撃するなどということは不可能です。機関銃であろうと、ミサイルであろうと、ロックオンされて撃《う》たれたら、そのまま撃墜《げきつい》される状況でしょう。

偶発的《ぐうはってき》か意図的かは知りませんが、ある意味では、いつ戦争が起きてもおかしくない状況が、尖閣付近でも生じています。あるいは、現在、ベトナム、フィリピン等でも戦争が起きうる状況にあります。そのなかで、日本は、まだ「法律の議論」などということを、一生懸命にやっているわけです。

ただ、その源流にあるのは、この「南京大虐殺」や「従軍慰安婦」の問題でしょう。

「日本の戦後体制」を占《うらな》う上で非常に重要な霊言になる

大川隆法　従軍慰安婦問題については、以前、収録したことがあります（前掲『従軍慰安婦問題と南京大虐殺は本当か?』参照)。そのときは、エドガー・ケイシー・リーディングで透視をしたのです。

また、藤原帰一氏守護霊が、「この本を書いた本人が亡くなっているので、霊言が録れるはずだ」と言っていました(前掲『危機の時代の国際政治――藤原帰一東大教授守護霊インタビュー――』参照)。実際に訊いてみて、死後の様子等を尋問していたら、だんだん分かってくるでしょうから、やってみようと思います。

ところが、この本を読んでいると頭が痛くなってきたり、体が重くなってきたりするので、あまり緻密に資料が読めません。本人をお呼びしますから、あとは、そちら(質問者)のほうで、具体的なことは訊いてください。

アメリカ生まれの人なので、本来、英語で話してくるとは思うのですが、アイリス・チャン程度の英語であれば、同時通訳ができると思われます。時間節約のため、できるだけ日本語でやりたいと考えています。

おそらく、〇・五秒か一秒ぐらい遅れる可能性はありますし、流暢《りゅうちょう》ではないかもしれませんが、日本語でやりたいと思います。どうしても英語が出てくるときには、ご勘弁《かんべん》ください。質問者である及川さんか誰かが対応してくだされば結構です。ただ、イリノイ大学卒のジャーナリストで、三十六歳で亡くなっていますので、この程度の学力の人であれば、語彙《ごい》的にも十分カバーできるでしょう。たぶん、日本語でいけると思います。

まだ本人と話はしていませんが、もし、〝のたうちまわって〟いるような場合、どうしようもないこともあるので、そのときは勘弁してください。

なお、具体的なこと等について、大した話にならないところで終わってしまうようであれば、日本の松井石根《いわね》大将あたりを呼んで、「どうだったのですか」と訊く方法もありますし、この人がきちんと全部話してくれるのであれば、それでもよいと思います。

それでは、だいたい大丈夫でしょうか。

日本の戦後体制を占う上で、非常に重要な問題だと思いますし、ある意味で、本日の霊言は、たいへん貴重な資料になると思われます。私がこれまでに発刊した二百五十冊以上の公開霊言集が真実であるならば、これも真実であるというように推定してよいかと思います。

アイリス・チャンという中国系アメリカ人の若い女性が書いた『ザ・レイプ・オブ・南京』がベストセラーになり、日本は、完全にホロコースト型のナチスのようなイメージをつけられてしまいました。はたしてこれは正しかったのでしょうか。著者は十年前に亡くなっておりますので、あの世に還ってからどう考えているのか、それについて質問をし、真実を明らかにしたいと思います。

ストレートに認めるかどうかは分からないものの、やり取りをしているうちに、明らかになるのではないかと思います。

アイリス・チャンを招霊する

大川隆法　では、『ザ・レイプ・オブ・南京』の著者、アイリス・チャン氏を、幸福の科学総合本部にお呼びしたいと思います。

『ザ・レイプ・オブ・南京』の著者、アイリス・チャンよ。

『ザ・レイプ・オブ・南京』の著者、アイリス・チャンよ。

どうか、幸福の科学総合本部に降りたまいて、われらに、あなたが霊界でつかんだ真相についてお話しくださいますよう、お願い申し上げます。

『ザ・レイプ・オブ・南京』の著者、アイリス・チャンよ。

『ザ・レイプ・オブ・南京』の著者、アイリス・チャンよ。

どうか、幸福の科学総合本部に降りたまいて、あなたが霊界で知りえた真相について、われらにお教え願いたくお願い申し上げます。

（約二十五秒間の沈黙）

2 「私は、殺された！」

「苦しい」と泣きながら現れたアイリス・チャンの霊

アイリス・チャン　ふう……（息を吐《は》く）。

小林　アイリス・チャン氏でいらっしゃいますか?

アイリス・チャン　ハア、ハア（息を吐く）。

小林　ずいぶん息が荒いようですね。

アイリス・チャン　ハア、ハア、ハア……。

小林　どうされていたのですか？

アイリス・チャン　（咳《せ》き込む）

小林　どこか苦しいのでしょうか？

アイリス・チャン　（咳き込む）ハア、ハア、ハア、ハア……。

小林　何かを病んでいる感じなのでしょうか？

アイリス・チャン　うーん、うーん。ハア、ハア、ハア……。

ああ……、ああ……、ああ……、ああ、ああ……、ああ……、ああ！

小林　その怯えたような様子や声は、何が理由なのでしょうか？
あるいは後悔ですか？

アイリス・チャン　ああ……、ああ……、ああ……、ああ……、うーん。
ハア、ハア、ハア……。苦しいの。ハア、ハア、ハア……。

小林　うん？

アイリス・チャン　苦しいの。

小林　苦しい？　何ゆえに、そう苦しいのでしょうか？

アイリス・チャン　ああ……、何がって……、ああ……、どういうこ……と……、どういうこと……、どういうこと……。

小林　どういうこと、って？

アイリス・チャン　どういうこと……、どういうこと……、ああ……（泣く）。

小林　死後の状況が受け入れられないっていう……。

アイリス・チャン　（声をあげて泣く）

綾織　「自殺をされた」という話が伝わってきていますけれども、ご自身では、そのあとの状況をよく理解できない状態ですか？

アイリス・チャン　（むせび泣く）ああ、分からない……、分からない……、分からない……、分からない……、分からない……。

　何者かに「追われていた」？

綾織　分からない？　自殺されたときの状況というのは覚えていらっしゃいますか？

アイリス・チャン　あああ！　殺されたの！

小林　殺された！

綾織　殺されたんですね。

アイリス・チャン　（泣きながら）そうそう、あたし……、殺されたの。

小林　いちおう、ピストルの弾が頭を貫通《かんつう》したといいますか……。

アイリス・チャン　うーん。殺されたの……。

小林　やっぱり殺されたんですね。

アイリス・チャン　殺されたの。殺されたの。

小林　誰に殺されたんでしょうか？

アイリス・チャン　分からない！

小林　分からない？

アイリス・チャン　分からない。

綾織　遺書らしきものには、「アメリカの組織に追われている。逃げ場がない」と。

アイリス・チャン　うん、うん。（声を震《ふる》わせながら）追われていたの……。分からない！　もう分からない……。

綾織　分からない？

「ブッシュ大統領から、流れが変わった」

アイリス・チャン　なんか、本を書いてからあと、しばらくは英雄だったんだけど、だんだん周りがおかしい感じになって……。

小林　「おかしい感じ」というのは、具体的に教えていただきますと……。

アイリス・チャン　前の、あの、ブッシュ……？

小林　はい、アメリカ大統領ですね。

アイリス・チャン　うーん、大統領に替わったあたりから、特に流れがおかしく変わってきて……。

小林　ああ、二〇〇一年ですね。

アイリス・チャン　中国の支援があったのが……、ブッシュ大統領と、日本の……、小泉首相？

小林　はい。当時は小泉首相ですね。

アイリス・チャン　うーん、だったあたりから流れが変わって……。

小林　ああ、なるほど。

アイリス・チャン　アメリカも、ちょっと態度が変わって、日本からも非難が強くなって……。

小林　そうでしたね。

アイリス・チャン　中国のロビーイングも、うーん……、それから、うまくいかなくなって……。

小林　ああ、ロビーイングがうまくいかなくなった。

アイリス・チャン　ええ。

小林　じゃあ、逆に、それまではかなりロビーイングをやっていた、と。

アイリス・チャン　流れが変わって、なんだか狙われている感じだけは、はっきり分かっていたけども。

小林　ああ、なるほど。

アイリス・チャン　それが、何に狙われているのか。中国系の人たちか、アメリカのＣＩＡかＦＢＩ系か。それとも、日本のマフィアみたいなのか……。

小林　最後のは〝ない〟と思いますが。

アイリス・チャン　なんか分からないけど、どうも身辺《しんぺん》がおかしいという感じはあって……。

小林　ああ、おかしい感じだったんですね。

「私の存在が邪魔になり、口封じされた」

綾織　中国のロビー団体で、「世界抗日戦争史実維護連合会《せかいこうにちせんそうしじついごれんごうかい》」というのが、アイリス・チャンさんをバックアップしていましたけど、ここと関係が悪くなったのでしょうか？

アイリス・チャン　ああ……、ああ……、ああ……。
だから、要するに、抗日、反日で、中国とアメリカが組もうとしてたのが、なんか、アメリカと日本が、急速にまた近づいてきたあたりから、私の存在が邪魔になってきたんじゃないかなという感じはあって……。

小林　なるほど。そういう感じだったわけですね。

アイリス・チャン　うーん。身の危険を感じるようにはなってきたんですよね。

小林　ああ、感じてたんですね。

アイリス・チャン　ええ。

及川　「私の存在が邪魔になった」というのは、アメリカ側が邪魔になったんですか？　それとも、抗日連合会から見ても邪魔だったんですか？

アイリス・チャン　分からないけど、なんか、日本の〝忍者〟に狙われてるのか……。

及川　（苦笑）それはちょっと……。抗日連合会はあなたを支援していたのだから、いくらアメリカが日本とつながっても、あなたのことが邪魔になるはずはないと思うのです。本当に、抗日連合会があなたのことを狙っていたのですか？

アイリス・チャン　いや、分からない。でも、『ザ・レイプ・オブ・南京』という本は成功したので、もしかしたら、「口封じ」されたかなという感じはあるので。

及川　なるほど。

3 『ザ・レイプ・オブ・南京』の〝仕掛け人〟は誰か？

「南京大虐殺の写真」に対して抗議が殺到した

綾織　もしかしたら、あなたは、『ザ・レイプ・オブ・南京』で書かれた内容について、ご自身で疑問に思い始めたことがありませんか？

アイリス・チャン　日本からの反論が激しくて……。

及川　そうですね。

アイリス・チャン　（本が）出てからあと、日本で翻訳を出すまでの間にも、すでに反論がいっぱいあって、出てからあとも、すごい言論攻撃があったので、私は日本の〝忍者〟が攻めに来るような気が……。

綾織　（苦笑）いえ、そこは、あくまでも言論でやっていると思いますけど。

小林　自分が邪魔になったんじゃないかという、その話の当然の帰結《きけつ》として、「自分の書いた内容のなかに、どうも、実は、嘘があったんじゃないか」という心証を、やっぱりご本人も得ていたわけですか？

アイリス・チャン　（すすり泣きながら）すぐに……、事実と違う面は出てきて、いろいろ指摘されてきたところはありました。

小林　そうですね。その指摘に関しては、どのように思われた、あるいは、今、思われていますか。

アイリス・チャン　要するに、「日本軍による南京大虐殺の写真というのが、違う写真集の写真を使っている」という……。

小林　全部、違ってましたね。

アイリス・チャン　そのようなところの攻撃から始まって、けっこう厳しかったし。日本の戦車が南京に入って破壊してるところの写真が……。

小林　そうですね。

アイリス・チャン　「一九三七年には、その戦車はまだなかった」とか、そういう、いろいろなものが、事実としてたくさん反撃されてきて……。

著者としては、裏付けが十分でないところを、だいぶ攻撃はされて……。

小林　そのことに関して、今、どう思われていますか？

アイリス・チャン　まあ、私も、戦争が終わって、だいぶたってから生まれたので、事実は知らないけど、両親が、「南京で大虐殺があった」と言っていたので、そうなんだろうとは思っていて。それに当たる証拠と思うものをつかんで書いたつもりでいたんです。

先の大戦での「アメリカの罪の意識」を減らすためだった？

小林　率直《そっちょく》にお訊きしますけれども、あなたの左手のところに、日本語訳の本（『ザ・レイプ・オブ・南京』）があります。最初は日本で発刊できなくて、あとでようやく発刊になったものですが。

アイリス・チャン　ああ、はい。

小林　そのなかに、「両親から聞いた」とは書かれているのですけれども、本当に、その本のなかに書かれているように、ご両親から詳細にお聞きになったのですか?

アイリス・チャン　いや、それは、そんな立場じゃなかったかもしれない。

小林　そうですよね。

アイリス・チャン　噂《うわさ》というか、そういうものかもしれない。

小林　そこに書かれているほどには、詳細《しょうさい》な描写ができるような立場ではなかったと思うので。本当は、両親とは、そういうやり取りとか会話とかいうのは……。

アイリス・チャン　うーん、言いたくはないけども、アメリカが「歴史観」を変えたのかな……。

だから、対日参戦して、日本を攻撃して、東京大空襲や、広島、長崎の原爆等で大量虐殺したところの、罪の意識を減らすために、この南京虐殺を使おうとアメリカも考えていたわけで。そこは利害が一致していたんだけども、それがブッシュ（ジュニア）大統領になってから、流れがちょっと変わってき始めた……。

小林　変わってきたんですね。

アイリス・チャン　うん。

綾織　アメリカとして、南京事件を、もう一度、九〇年代に持ち出そうとしたということですか。

小林　クリントン政権のときにね。

アイリス・チャン　だから、まあ、その朝鮮戦争、ベトナム戦争以後、いろいろ戦争が起きてきて、それからあとは、二〇〇一年の「九・一一」かな。イスラムとの戦いを何か経験したりして、アメリカが同盟国との強化に入ってきたので。

小林　アルカイダとかあってね。

アイリス・チャン　だから、そのへんで、「日本の罪を暴《あば》くことが、アメリカのためになる」という考えが後退したのは間違いない。

小林　はい。後退しましたよね。

「誰か〝頭のいい人〟が私を使った」

小林　そのへんのマクロの政治情勢の話に入る前に、先ほどの質問に戻らせていただきますと、本のなかで書かれたような詳細な話について、本当にご両親から聞かれたんですか。

アイリス・チャン　いやあ、父も母も、理科系統の研究者なので、ほんとは日本の歴史に詳しいわけではないし、知らないと思います。

小林　知っているわけではないですよね？

アイリス・チャン　詳しくは知らないはず。ジャーナリストでもなく、歴史家でもないので、それは詳しく知ってるはずはないと思います。

小林　だから、そういう、「漠然とした噂をチョロッと耳にしたことがあった」というのを、ジャーナリストとしてとりあえず訓練を受けたあなたが、英語で言うと、「インベント（invent）した（創作）」といいますか、「そういうことだ」とおっしゃっているように、客観的には見えるのですが。

アイリス・チャン　ああ……、まあ、使われたのかなあ。

小林　「使われた」という印象なのですね？

アイリス・チャン　誰か〝頭のいい人〟がいて、私を使ったのかなあという気がしてる。

「ウソの写真」をいっぱい提供された

綾織　ちなみに、「写真とか、いろいろな事実関係の部分はどんどん提供された」というかたちになりますか。

アイリス・チャン　そうなの。だから、いっぱい持ってくるから。提供者がいっぱい……。

及川　そういう写真を誰からもらいましたか。

アイリス・チャン　それは、その何？　中国の……。

及川　抗日連合会ですか。

アイリス・チャン　その抗日何とかあたりが、いろんなところから集めてきて。まあ、写真ね。すごい写真がいっぱいありますよね。載ってますね。首がいっぱい並んでいるところ。

小林　はい。そうですね。

アイリス・チャン　殺してるところとか、川でいっぱい死んでるところとか。

小林　死んでるところですね?

アイリス・チャン　いっぱい出てきますよね、写真でねえ。いっぱい……。

及川　それが全部嘘《うそ》だって、あとで分かってしまいましたよね？

アイリス・チャン　うーん。だから、それがかなり堪《こた》えたんですよ。例えば、首がだいぶ斬《き》られてるけど、タバコをくわえてる……。これは、「アメリカ人がつくったジョークだった」っていうことが、あとで分かってしまった。「タバコをくわえて首を斬る」っていうのは、日本人はやらないね。

及川　それはない。

アイリス・チャン　だから、こういうやつとか、川にいっぱいの死体。これは、日本人が川で虐殺したっていうことだったけど、戦争で死んだ人の死体が流れ着いたらしいっていう……。

小林　それも嘘だったから。しかも、日本の雑誌に別の情景として載っていたものを、トリミングで編集して、転用しただけだった。

アイリス・チャン　そうそうそう。そういうことを言ってるし、出てきている戦車とか、当時はまだ開発されてなかったとか。

小林　ええ。戦場に投入されたのは三年後で、当時は存在していませんでしたからね。

「私は、つかまされて、書かされた」

アイリス・チャン　そうそう、そうなんです。
だから、そういう事実がいっぱい出てきたので、私は、それをつかまされて書かされたけど、違うものもあったのかなあっていう……。

小林　要するに、「つかまされた」という認識ですね？

アイリス・チャン　うーん。だから、書かされた。

小林　書かされた。

アイリス・チャン　（私は）ジャーナリズム……、正義を目指してたから。「目立って、名前が売れて有名になれるチャンスだ。お金も資金も出してやるから、本を書け」って言って。「広告も打って広めてやるから」っていう〝いい話〟だったんで。だけど、どうも、あとから、いろいろ反論されてくると、違う面がいっぱい出て……。

4 「南京で三十五万人虐殺」説はウソだった

「三十五万人は極論すぎた」

小林　確認しますが、要するに、偽物《にせもの》をつかまされたという認識だと？

アイリス・チャン　気持ち的に何かあったのは分かるんですけど、どうも、事実が違うような気が……。

綾織　今、写真のところは「明確に違う」とおっしゃいましたけれども、その他のところでは……。

アイリス・チャン　どうも、これは明らかに違うものであって。日本軍が南京に入る前、上海《シャンハイ》で戦ってますが、それで日本軍も一万五千人以上を殺されて、かなりの被害を受けたあと、南京入りしているので、私は、「南京で日本は六週間で、二十六万から三十七万人ぐらい、だいたい三十五万人ぐらい殺したんじゃないか」というふうに書いたんだけど。

「六週間だから、これはホロコーストなど、いろんなのと比べても変わらないぐらいのすごさだ」というふうなことを書いてしまったんですけど……。

小林　ところが、反論にもあったとおり、当時、第三国で中立的なドイツの新聞が、「十五万人もいなかったのではないか」と報道しています。「そもそも、当時、南京には十五万人もいないところで、どうして三十万人、三十五万人を殺せるんだ」ということで、すぐにばれてしまいます。

アイリス・チャン　まあ、「避難してきた人とか、いろいろいて、五十五万ぐらいに膨《ふく》れてて、そのうちの三十五万人ぐらいが殺された」ということを書いたんですけど、まあ、ちょっと無理があったかなあと思うのと……。

小林　この部分は記録に遺《のこ》りますのでね。今の点についても、反論として申し上げますけれども。「周りから避難民が入った」ということですが、実際に、一九三七年の十二月十三日に、南京に入城《にゅうじょう》したときの写真なのですが、戦闘が近づいてきたので、人っ子一人いなくなり、空っぽのなかに入城した写真なんですよ。

アイリス・チャン　うん、だから逃げて……。

小林　だから、そもそも殺しようがない。

アイリス・チャン 「逃げたやつが殺された」というふうに理解した可能性もあって。ちょっと、極論もあって、「三十万いた人が皆殺しにされて、五人しか残らなかった」って書いたところもあったりして。「それは外国人の宣教師の家だけだった」とか、ちょっと極論すぎた感じがあるかなあっていう……。

小林 では、これは極論で、脚色《きゃくしょく》があって……。

アイリス・チャン まあ、その外国人の宣教師のところへ行って訊いたら、「いっぱい人がいたけど、誰もいなくなった」と言ったと。そこが言えば、「三十万人いたのが、五人になった」ということになるとか、まあ、そんな感じの書き方をしてしまったのが……。

小林 ああ、「してしまった」んですよね?

アイリス・チャン　いや、でも、「させられた」と言うべきなのかもしれません。そういうふうに書かそうとしてたから……。

「南京で、中国人が日本軍を残虐に見せようとして、いろいろやった」

小林　そうですね。それで、記録のなかに、「実は、強盗をしたり、略奪・暴行したりしているのは、日本兵ではなく中国兵だ」という記録や報告もあったのですけれども、そちらは使わずに……。

アイリス・チャン　私は、茶番劇で、日本の猿芝居《さるしばい》のような感じの言い方をして、日本が、「中国人がやったんだ」みたいなことにしたと書いたんですけど。けっこう中国もいろんなことをやっていたようではあるので。

小林　著者としても、そういう認識なのですね？

アイリス・チャン　日本を〝残虐〟風に見せようとして、いろんなことをやってたようではあるので。

小林　実は、「ザ・レイプ・オブ・南京」と言っているので、あえて言いますけれども、いわゆるレイプ事件が起きたことは起きたのですが、「実は、中国の国民党とかの特務工作員が、それをやっていたのではないか」と読み取れる箇所が、その記録のなかに多数あるのです。

アイリス・チャン　数字が少なければあれですが、まあ、大きすぎたので。
　だから、安全区域に逃げ込んだ二十万だか、二十五万のうち、八万人ぐらいの女性がレイプされたとか書いてあるけど、これだと、たぶん、年寄りから子供まで、全部ということになると思いますが、やはり、これは鵜呑みにしすぎたかなとは……。

小林　そういう認識ですね？

アイリス・チャン　うーん……。

小林「その安全区域には、日本軍は入らない」という紳士協定を日本側は守っていましたから。

アイリス・チャン　うーん、ちょっと、無理だったかなあ。

小林　無理だったと？　あの話には無理があったと。

アイリス・チャン　うーん……。

小林　ずばり言えば、フェイクというか、インベントした？

アイリス・チャン　まあ、そういう噂、流言飛語《りゅうげんひご》はたくさんあった。それは、当然あるので。

小林　流言飛語は当然あったでしょうけどね。

アイリス・チャン　まあ、そのなかの一つを、つかまされたんだとは……。

小林　「つかまされた」という認識ですね。

アイリス・チャン　そういうのがないわけではなかった。あった。流言飛語はいっぱいあったとは思う……。

小林　要するに、「流言飛語をつかまされた」と？

「調べれば調べるほど、本当のことが分からなくなった」

アイリス・チャン　黒幕は……、要するに、「そういうふうになるぞ」っていう中国人の恐怖心があったのは事実で、それに対して、本当に日本人がやったのか、中国の側が、わざと日本人がやったように見せたような部分と両方があって、よく分からない。調べれば調べるほど分からなくなってきて……。

小林　「分からなくなっていった」わけですね。なるほど。

アイリス・チャン　うーん……。本当のことが分からなくなってきたんで……。

小林　ああ、なるほど。

綾織　では、ご自身も、そういういろいろな批判を浴びて、指摘を受けて、また改めて調べ始めた？

アイリス・チャン　そう。いろんなことを調べて、第二次大戦についていろいろ調べていて……。日本軍の戦いとか、いろいろ調べていったんですが、どうも調べると、どっちとも取れない資料がいっぱい出てくるので。

綾織　はい。そうですね。

アイリス・チャン　うーん、だんだん苦しくなってきて。いったん、ベストセラーになったものっていうのは引っ込められないし……。

綾織　「引っ込めたい」と思い始めていた?

アイリス・チャン　いや、もう無理なレベルまで行ってしまったので、評判になってしまって……。

小林　そうすると、「しまったな」っていう、あるいは、「つかまされたな」っていう認識を……。

アイリス・チャン　だけど、まあ、ありがたいことに、日本政府が認めてくれたので……。

小林　ええ。まあ、その話は別途するといたしましょう。

日本軍が「六週間で南京の治安を安定させた」というのが事実

小林　それで、南京入城の二日後の写真では、中国人の子供たちを、日本兵が、いろいろ、だっこしてあげたりとか、火で暖《あたた》めてあげたりとかしています。こういう写真がザクザク出てきましたので、ご覧になったと思うのですけれども、それで、やはり、中国の言っていることのほうが少しおかしいかなと……。

アイリス・チャン　うーん。だから、六週間で三十五万人殺したということにしたけれども、実際には、「六週間で南京の治安を完全に安定させてしまった」というのが事実だったのかなあっていう……。

綾織　そこまで、もう、分かっていたわけですね。

小林　ああ、認識されていたのですね。

アイリス・チャン　ものすごく早い段階でできたということは、逆に言えば、「そういう事件があまりなかった」ということなのではないかと……。

小林　ええ。記録上は、もう、十二月二十日ぐらいの段階で、治安は完全に回復してきていましたので、おそらく、そういったことを調べられて、「ああ、これは」という……。

アイリス・チャン　だから、写真のフェイクから始まって、まあ、戦闘行為はゼロではなかったと思うんですけど、どうも、中国のほうが、軍隊で戦わないで、民間人のかたち、いわゆるゲリラみたいな感じの……。

小林　便衣兵《べんいへい》ですね。

アイリス・チャン　そうです。それで、撃ってくるやつを、（日本軍が）やっぱり掃討《そうとう》してた部分はあったとは思うんです。それを、民間人を虐殺してるように捉える向きもあったかと思うけど、中国のほうが、そういう軍隊でないかたちで襲おうとしてた部分もあって、その部分については、確かに、そんなに大勢の人が殺されてはいないと思うんです。ゲリラの掃討はされたとは思いますがね。

小林　いないはずですね。こちら側の調査でも、だいたい便衣兵の射殺は、二百名程度でしたから。

アイリス・チャン　そのぐらいかもしれません。そんなもんでしょうけど、まあ、軍服を着てたら撃ち殺されるのは分かってるから、民間人の格好をして狙うわけですね。

これは、アメリカもベトナム戦争で経験しました。農民だか兵士だかが分からないので、農業をやっているところに、枯葉剤を撒いたりして、たくさん殺してしまいましたよね。焼夷弾《しょういだん》も落として、ナパーム弾で焼いてね。あれと同じ。アメリカもあれを経験したんですが、実は同じことだったかもしれません。だから、民間人か、軍人か分からないところがあると……。

綾織　イラク戦争でも同じ状態ですね。

小林　そうですね。ちなみに、読者の方の参考に申し上げておきますけれども、

「制服を脱いだら、戦闘行為に参加してはいけない」というのは戦時国際法で決まっていましたので。「それを破った場合、射殺されてもやむなし」というのが、当時、万国の国際法の条約の決まりでしたからね。

アイリス・チャン　だけど、まあ、中国は、『水滸伝《すいこでん》』の国だから、みんな、そういう、軍人も民間人もないようなところがあって、「どんなかたちでも、相手に勝てばいい」っていうようなところはあったのでねえ。

「書き続けるのに良心の苦しみが出てきた」

小林　総括しますと、ご自身でそのあと調べられたら、写真のフェイクとか、別の資料とか、いろいろあって、「あ、これはやっぱり、ちょっとつかまされたかな」という……。

アイリス・チャン　いや、それはだいぶ分かってきたのは事実で、一方的に、中国側の反日団体の資料に寄りすぎて、書きすぎた面はあって、それを五十万部も売ってしまったので、引っ込めなくなって、そのあと、作家・ジャーナリストとして書き続けるのに、良心の苦しみが出てき始めて……。

及川　あなたが、そのように疑問を持っていたということを、あなたにこの本を書かせた人たちは、もう気づいていましたか?

アイリス・チャン　うーん……、いや、私を〝広告塔〟に使おうとしてたと思うんですが、日本からの激しい反論が、かなり出てきたので、私一人で耐え切れない。

5 「アメリカの日本叩《たた》きに使われた」

アイリス・チャンが真実に気づくのに「困った」のは誰か？

及川　でも、あなたが、それを、「もしかして違う」と言ってしまったら、あなたに書かせた存在たちは困りますよねえ。

アイリス・チャン　そうでしょうね、たぶんね。

及川　誰がいちばん困っていたのでしょう？

アイリス・チャン　うーん。

及川　あなたが、それだけ、「これは、おかしい。間違ったことを書いてしまった」というように、分かり始めたことに対して、アメリカが困ったのですか？　それとも中国ですか？

アイリス・チャン　だから、これの書評が最初に載《の》ったのは、アメリカの新聞ですが、そのアメリカ人の奥さんは中国人だったところあたりまでは突き止められて、〝ばらされ〟てきていて、非常に組織的にやっていたということまでは、明かされてき始めたのでねえ。

だから、うーん……。まあ、これが、どういう戦いだったのか、全容《ぜんよう》が分からないんですが、それでも、追い詰めて……。

及川　分からない？　「ニューヨーク・タイムズ」で、ずっとベストセラーレースで載っていましたよね?

アイリス・チャン　あ……、「ニューヨーク・タイムズ」。そうなんです。だから、そのへんが、最初は協力的にやってたと思うんだけども、どうも、中国の手が回ってたことがばれてき始めたあたりから、私の立場が少し微妙な感じにはなって……。

綾織　この主体としては、中国側のロビー活動がありますが、先ほど、「アメリカが歴史観を変えてきた」というのもありましたので、両方が、かかわっている状態なのですか。

アイリス・チャン　うん、使いたかったものもあるんじゃないかと……。

だから、中国が、アメリカとの取引を増やして、軍事拡張に入ろうとしていて、クリントン政権のときに、「ジャパンパッシング（日本通過）」があった。

綾織　はい。そうですね。

アイリス・チャン　「バッシング」じゃなくて「パッシング」で、「日本を飛ばして中国と連携する」みたいなのが進んでき始めて、それが、すごくいい〝あれ〟で。

要するに、「共に日本と戦ったのだから、正義はわれわれにある」ということで、中国と同盟を結ぶような、近づいていこうとするような〝あれ〟があったと思うんですよねえ。それが、共和党政権下で、ちょっと逆流してしまったんで。

綾織　ええ。

アイリス・チャン　うーん……。あと、「ジャーナリストとして事実がどうであったのか」のところは、やっぱり、〝歴史の法廷〟では裁かれるところがあるので、事実であれば構わないんです。事実でない場合は厳しい……。

小林　ええ、厳しいでしょうね。

「『バターン死の行進』も、やむをえなかった」

小林　それを実感されたのが、おそらく、次の四作目の、フィリピンの米兵の「バターン死の行進」について、ご自身で取材され始めたときだと思うのですが、例えば、証拠固めとか、写真などでも証拠として使えるものを集めるなどということが、いかに大変かを感じ、南京のようにはいかず、途中で頓挫《とんざ》したというような経験なども……。

アイリス・チャン　いや、話だけ聞くと、日本は、ものすごく捕虜虐待をして、やっぱり、相変わらず、ホロコーストみたいなのをやってたんだと思って調べていったんだけど、「これは、やむをえなかったのかなあ」という感じがあった。日本人も同じような状態であったので。日本人も、食糧もなく、必死で逃げてた状況だったので。

小林　そうですね。捕虜のアメリカ兵は水筒一個持つだけの軽装でスイスイ歩いてよくて、その一方、日本兵は四十キロ以上もある完全武装の荷物を担いで、同じ道をフーフー言いながら、一緒に並んで歩いていましたからね。

アイリス・チャン　うーん、歩いていたし、「軍に虐待された」と言われる者も、いわゆる日本食を食べさせられたことを、「虐待された」と言ってたらしいことも分かってきたので。日本人はごぼうを食べますが、イギリス人とかは、（ごぼうを与えたことに）「木の根っこを食べさせられた」っていうのに対して、「すっごい虐待をされた」と思ってたりして、こういう勘違いもあったらしいことも分かってきた。

また、灼熱《しゃくねつ》で死んだ人がいっぱい出ましたけども、それを輸送するような車がなかったっていうこと等も出てきたし……。

「自分で調べるほど、ウソが分かってきた」

小林　そのへんの感じからすると、実際に自分で調べてみて、やはり、あれだけ絵に描いたような出来すぎの写真を揃えて、ポンッと渡されたということ自体が、おかしいと……。

アイリス・チャン　それと、資料もあるし、資料解釈の問題もあって、その資料にも当たったんだけども……。

まあ、その前の南京の話に戻りますけども、当時の日本の新聞に、「百人斬り競争」とかが実際に載ったことも事実なので、資料とみて採用していたけども、これが、何て言うのかなあ……、戦意高揚《こうよう》のための記事で、事実ではなかったらしいということも分かってきた。

だから、山本七平さんとかも言ってたような、「日本刀で百人は斬れない」っていうのを聞いて。そんなことは知らなかったのでね。チャンバラ劇なら、もう、いくらでも人を斬って斬ってしてるから、あんな感じで斬れるのかなあと思った。

南京に入った日本軍は五万人ぐらいのはずなので、「五万人で三十五万人を刀で斬った」とか、それから、あとは、「機関銃で撃った」とかって書いたけども、日本軍の弾がそんなにはないので。もったいなくて、そんなに使えなかった……。

小林　ええ、撃たなかった。では、そうしますと、例えば、「機関銃で撃った」という記述をしたからには、まったくゼロの状態から物語を創作されたとは思えませんので、例えば、「機関銃で、バーッと射殺した」と言うからには、いちおう、そのの取っ掛かりになるようなものがあったというか、フェイクの資料が提供されたのではないかと思うのですけれども……。

アイリス・チャン　うーん……。

小林　「実は、それもなかった」ということですか。ただ単に、「書け」と……。

アイリス・チャン　うーん。機関銃で撃ってたのは、南方戦線で、アメリカ軍が日本人を殺すときのやり方ですね。

小林　そうですよね。

アイリス・チャン　「十字砲火《じゅうじほうか》」っていうのは、アメリカ軍がやったやり方で、それを日本軍がやったように書いたんですが、日本軍には、そんな火力はなかったたんではないかと……。

小林　おっしゃるとおりです。

アイリス・チャン　先に刀がついた銃剣みたいなのを、だいたい、みんなが持っていたようなので、それでは、そんなにたくさんの人は殺せないんじゃないかと……。

6　つくられた「三十万人」という数の真相

「私がアメリカ人に受けるタイプだったので、利用された」

小林　そうすると、ストーリーの組み立てについて、例えば、一つの本の編集者のような感じで言うと、「実は、担当編集者のような人がついていた」ということですか。

お話を伺っていますと、まあ、私も、編集の仕事もやったことがありますので、担当編集者がいて、いろいろ、ストーリーのプロット（筋書き）といいますか、例えば、今みたいに、「アメリカ型の機銃掃射場面を差し込んだらどうか」というような……。

アイリス・チャン　うーん。

小林　実は、そういうナビゲーターのような人がいたという……。

アイリス・チャン　うーん。若かったので、功名心《こうみょうしん》もあったし、正義感にも駆られて、「これだけの大事件を隠蔽《いんぺい》してきたのか」ということで……。それで、「冷戦があるために、これが隠蔽されてたんだ」と思うと、その正義感に燃えたところもあったし、「これを、世界に知らせなきゃいけない」という気持ちもあったけど、これが、だんだんに、いろいろな攻撃を受けて、崩れてきた部分はあって……。

小林　その歴史観の思い込みは、〝誰〟から教わったのでしょうか。どのようにして、そういう歴史観を身につけられたのでしょうか？

アイリス・チャン　いや、でも、なんだか目をつけられて、利用されたような感じはする。

小林　ああ、なるほど。

綾織　中国人のロビー団体に目をつけられたわけですね。

アイリス・チャン　うーん。まあ、私は、アメリカ人受けするタイプだったので……。

小林　確かに、写真などを見ると、そうですね。

アイリス・チャン　長身で、長い黒髪で、美人系で……。

小林　ええ。ちょっと女優さんっぽい感じの……。

アイリス・チャン　アメリカ人に、非常に受けるタイプであったし、それで、「書ける」ということで狙われたかな……。

「データとして集まっていて、私はまとめるだけだった」

綾織　本自体は、全部、ご自身で書いたわけですね？　あるいは……。

アイリス・チャン　まあ、いちおう、職業としてのジャーナリストを目指していましたので、文章責任は、私にあるとは思いますが……。

及川　ゴーストライターは、いませんでした？

アイリス・チャン　いや、まあ、その材料としての、いろいろなものは、集まってはいたということはあります。

小林　では、いわゆる、編集的に言うと、データマンがいて……。

アイリス・チャン　「代表で書いた」という……。

綾織　代表で書いた？

小林　事実上、個別のパートを書いてくれていた人がいた？

アイリス・チャン　「代表として書いた」ということは、そうだと思う。

綾織　何人かで書いているのですか。何人かが、書くところにもかかわっているのでしょうか。

アイリス・チャン　いや、それは……。それはちょっと、つらい言い方ですが……。確かに、かなりの部分は、データとしては集まっていたので……。

小林　ああ、集まっていたのですね。

アイリス・チャン　あとは、それを、まとめればいいようになってたのは、事実ではある……。

小林　なるほど、なるほど。

綾織　まとめて書いたのですか。そういう役割だったのですね。

小林　プライマリーな原稿といいますか、マニュスクリプトは、要するに、実は、「部分部分のパーツを、データマンのほうで用意してくれていた」というふうに、今、聞こえたのですけれども……。

アイリス・チャン　かなりの部分は、すぐ書けるように出来上がっていたのは……。

綾織　もしかしたら、書かれたあと、誰かの手が入ったりしていませんか。

アイリス・チャン　うーん。

綾織　原稿を書いて、そのまま出版されていますか。何かが変わったりしていませんか？

アイリス・チャン　うーん……。もう許してください。もう……。

小林　いやいや。

「三十万人」は、「東京大空襲と原爆の死者」の数字を根拠につくられた

小林　ところで、この本には、いろいろな論点があるのですけれども、最大のポイントは、死者が「三十万人以上」というところと、「どうも、レイプされたのは、二万人から八万人である」というところで、これが、物語の二本柱になっているのですけれども……。

アイリス・チャン　ああ……（ため息）。

小林　最初に、あなたがまとめてつくり上げた最終原稿は、そういう表現になっていました？　その数字になっていましたか？

アイリス・チャン　うーん……。まあ、三十万っていう数字は、これは、その数字をなんとか増やせないかという努力をした人がいたという事実はある……。

綾織　「増やせないか」と言われた？

小林　編集者のほうから言われてた？

アイリス・チャン　東京大空襲で十万人、広島で十四万、長崎で七万ですか？　だから、（日本人は）三十万は死んでるので、「三十万」という数字がどうしても欲しかった。

小林　具体的には、直接、言ってきたのはどなたでしょうか。

アイリス・チャン　うーん、うーん……。

小林　リクエスト、要請をしてきたのは。

アイリス・チャン　まあ、出版するに当たって、関係する者はいろいろいますので……。

小林　ええ。

及川　それは、アメリカの出版社ではないんですか？　アメリカの出版社の編集者たちではないんですか？

アイリス・チャン　うーん、「そのくらいの数字は欲しい」っていうのは……。

及川　そういうふうに出版社が言ったんですね。

アイリス・チャン　例えば、小さく、二万人とか一万人とかじゃ、売れないでしょ？　だから、そのくらいにしないと。センセーショナルにしたいから……。

小林　なんとか三十万人ぐらいにはしてくれという……。

アイリス・チャン　三十万人は欲しい。もっと大きければ、もっといいんだとは思うんですけど。

綾織　その主体は出版社側なのか、あるいは、抗日連合会ですか。

アイリス・チャン　それはまあ、もう、言えません。著者は「私」ですので、出版社といっても「私の責任」だと思います。それはそうだと思いますけども。

だけど、六週間でやってのけたというところがすごいということで、それを一年に換算すれば、一年は五十二週だから、十倍すればだいたい三百万ぐらいになりますよね。だから、（第二次大戦で）死んだ日本人と同じぐらいの数を、一年で殺すぐらいの暴力を、日本人が振るったということにはなるでしょう。

小林　要するに、そこからの「逆算」だったのですね。

アイリス・チャン　だから、「アメリカ以上に日本人のほうが残虐だった」ということにはなります。「そういう殺し方をするから、アメリカが参戦せざるをえなかった」ということにしたかったのかなあとは思います。

もし、「二百人」とかだったら、これは全然、本にならないでしょ？

7 「薬漬《づ》けにされて、自殺するように仕向けられた」

「実は、病院まで組んでいたんじゃないか」

綾織　南京事件の実態というのが分かってきて、それを誰かに話されましたか。「どうも実際には、この本の内容と違うようだ」と、誰かに話をされましたか。

アイリス・チャン　はあ……（ため息をつく）。

スターになっていたので、もう、それは厳しいものではありましたけども……。まあ、幾つか仕事の依頼があったりしている過程で、いろんな人と接触して、そのなかで、ときどき、「あれは、どうだったかなあ」と思うようなことを、もらすようなことはありました。

綾織　そこで、だんだん関係が悪くなってきたのは、特にどこの人ですか。

アイリス・チャン　うーん……。

小林　ここは、神様の前の法廷なのです。ですから、ここで話をされるか、あるいは、閻魔《えんま》様という言葉が通じるかどうか分かりませんけど、閻魔様の前でいつか白状させられるか、どちらかなんですよ。いずれにしても、どこかであなたが経験しなければいけないプロセスなんですよ。

アイリス・チャン　（鼻をすすり、泣き始める）

小林　ここは、ぜひ正直なところをお願いします。

アイリス・チャン　あの……、「実は、病院まで組んでたんじゃないかな」っていう気が……。

綾織　何度か入院されてましたよね。

アイリス・チャン　うーん。病院で、薬漬けにされていたのではないかという感じは、ちょっとあるので……。

綾織　ああ……。

アイリス・チャン　「精神に何か異常を来《きた》したから、この薬を飲まなければいけない」というようにして、薬漬けにされていって、そのあと、「自然に自殺した」と見せるように、やられたのではないかという気がする……。

小林　ああ、なるほど。

「ときどき尾行《びこう》されているような感じがした」

及川　「鬱病《うつびょう》だった」と言われてますけど、そうでしたか？

アイリス・チャン　うーん、症状はそれに近くなってきたとは思うんですが、これが自発的なものなのか……。もしかして病院が絡《から》んでるのではないかという感じもして……。

小林　なるほど。

アイリス・チャン　病院が絡んでるとしたら、ＣＩＡが絡んでる可能性があると思うんですけどね。

小林　西海岸のほうの病院に入院されたんですか？

アイリス・チャン　うーん。

小林　それとも、もしかして、あの東海岸の病院なのかな。

アイリス・チャン　まあ……、何か連絡を取り合ってた感じなんですよねえ。病院も紹介されたり、なんか、いろいろしてたような感じではあったんですから、うーん……。

綾織　紹介したのは誰ですか。

アイリス・チャン　分からな……、うーん、もう……。

綾織　分からない？

アイリス・チャン　いや、眠れなくなったのは事実なの。

綾織　ああ、眠れなくなった？

アイリス・チャン　でも……。

綾織　病院を紹介されて……。

アイリス・チャン　でも、ときどき、なんかね、尾行されたりしているような感じもあって、そういう感じがするので、ちょっと、住所も少しずつ変えたり、ホテルに行ったり、いろいろしないと危ない感じがし始めて、「人に尾行されてる感じがする」と言うと、病院では、「幻覚症状が出ています」みたいな感じで言うのでね。それで、「この精神安定剤を飲めばいい」とか、いろいろ言われたり、なんか、うーん、分かんない……。

小林　要するに、「病院」というか、「医師もグルで」という〝あれ〟ですね？

アイリス・チャン　いや、それは親切な、応援してる人たちがいろいろ計《はか》らってくれてはいたので……。

綾織　ああ、応援している人たちが……。

アイリス・チャン　信じてはいたんですけども。

「私が生きていて、否定会見を開かれたら困ったのだろう」

綾織　まあ、先ほど「殺された」という言葉もありましたけれども、実際に、最後は、「薬を飲んで自殺するように仕向けられた」みたいなかたちなのですか？

アイリス・チャン　うん、鬱状態だけど、なんか、どうも違うような……。うーん、何か……。

小林　違うというのは、具体的には？

アイリス・チャン　いやあ、「病気にして、自殺したように見せようとしてたんじゃないかなあ」っていう感じはありますねえ。

だから、もし私が生きていて、自分で否定したりする会見とかを開かれたら困るでしょう？

綾織　そうですねえ。

アイリス・チャン　だから、うーん、「口を割らせないようにしたのかなあ」っていう感じはあって、その前は、「もう、精神に異常を来してきて、言うことが信用できないので、異常がないときに書いたものは本物だけど、その後は、何を言っても信用してはいけない」みたいに、持ってこようとしてた感じはあります。

だから、アメリカがやったのか、まあ、アメリカにネットを張ってるチャイニーズがやったのかは分からないですけど……。

8　著書『ザ・レイプ・オブ・南京』の隠された背景とは

「当時、アメリカの仮想敵は日本だった」

小林　ただ、そこまでオーガナイズ（組織化）されたかたちで医者が関与したとなると、いちばん奥の黒幕は別として、過去に起きたいろいろな事例から判断するに、「途中で方針変更したので、変更前のことがばれたらまずい」という、「アメリカ側の関与」といいますか、「アメリカ側も関与」というように、客観的には見えるのですけれども。

アイリス・チャン　うーん……、だから、ソ連崩壊のあとの仮想敵は、「日本」だったんですよね、アメリカは。

小林　そうですよね。

アイリス・チャン　その仮想敵が、テロ事件からイスラムのほうに変わって、まあ、やっぱり、イラクからイスラム圏全体が、仮想敵に変わってき始めて、「中国も何か支援しているんではないか。中国から北朝鮮を経由して、イスラム過激派のほうに、武器とかミサイルとかを供与してるんではないか」っていう疑いがかかってき始めたんではないかと思うんですよねえ。

小林　ああ、なるほど。そうですね。

アイリス・チャン　ええ。私も、中国のミサイル開発のことも、調べて書いたりもしてたので、詳しいけれども……。

だから、中国から北朝鮮に技術を供与していたし、北朝鮮から、イスラム圏にも間違いなく輸出してた。

小林　してましたね。

アイリス・チャン　北朝鮮の貿易の収入源は「ミサイル」だったと思うので、そうすると、それが、大量破壊兵器として、イラクとかに蓄えられているというわけで。うーん、イラク戦争が起きたということであったら、逆転してくる感じにはなるんですよねえ。

綾織　これは、「歴史問題」だけではなくて、そういう「安全保障」、「軍事的な面」も含めて、反中国的な立場に立とうとしていた状態なのですか。

アイリス・チャン　いやあ、本当に分からなくなってきたんですよ。

綾織　ああ、分からなくなってきたと。

「中国の内戦の部分を、日本に押し付けている」

アイリス・チャン　うーん、だから、中国が、「日本がやった」と、今もたぶん言ってると思うんですが……。

綾織　はい、言っています。

アイリス・チャン　「反日、抗日こそが統一のシンボル」みたいに、今も言ってるとは思うんですが、中国の内戦の部分を日本に押し付けてるような感じもだいぶあってね。まあ、歴史家ではないかもしらんけど、歴史研究家としては、中国の内戦で、共産党軍と蔣介石《しょうかいせき》軍等が、殺し合いをそうとうやった部分もあって、その被害まで、日本の責任に全部持ってこようとしてるような感じは、やっぱり出てきたので……。

綾織　そうですね。

小林　出たわけですね。確かに……。

アイリス・チャン　「違ってるんじゃないかな」という感じはあって。あと、その後の「毛沢東による大量の粛清《しゅくせい》」や、「ソ連の大粛清」等を見て、共産圏のは、二千万人とか、四千万人とかいう、すごい単位ですので、本当に、日本がそんなに極端に悪い国だったのかどうかっていうことに自信がなくなってきたのは、そう……。

小林　ああ、なくなったわけですね。確かに、先ほど示してくださった残虐な写真というのは、実は、全部、中国の内戦等のときのものであって、例えば、共産党の政治犯の首であるとか、匪賊《ひぞく》の首であるとか、全部バレてしまいましたので。
　やっぱりそのへんをご覧になられて、「ちょっとおかしいのかな」というように……。

アイリス・チャン　うーん、だから、中国の歴史ではねえ、十万や二十万の人を殺したりする話は幾らでも出てくるんですけどもねえ。だけど、現実の日本人は、ちょっと違うような感じがしてきたので……。

小林　ああ、なるほど。

「レイプ問題は、実はアメリカ国内の問題」

アイリス・チャン　いやあ、ちょっと衝撃的で、レイプ問題は、実は、アメリカの問題なんですよねえ。アメリカ国内で、そういうレイプ問題が、その当時は非常に問題になっていたので、それに、ちょっと便乗《びんじょう》してしまったところもあるけど、日本では、レイプ事件は、そんなに大して起きないですよねえ。

綾織　あったとしても、明確に処罰がされていました。

小林　そうすると、一般的には、書籍のタイトルというのは、大体、編集側で決めるんですけれども、今のお話ですと、「レイプのところにフォーカスしよう」というのは、いわば「編集指導」というか、「インストラクション」があったわけなんですね。

アイリス・チャン　だから、アメリカでは、レイプ問題が、人権問題としてすごく大きく取り上げられてきて……。

小林　「レイプ」がテーマなら売れると。

アイリス・チャン　民主党政権では、特にそれが強いので。レイプ問題に対しては、ヒラリー・クリントンなんかも、特に強い〝あれ〟をして、押していますのでねえ。だから、「許せない」っていう感じと、戦争時のアメリカ軍のプロパガンダとして、日本人を野獣のように扱う宣伝もずいぶんしていましたので、まあ、それと結びついて……。

ヒラリーさんとかは、「何十万人ものセックス・スレイブズがいた」と、いまだに信じているんじゃないかと思いますけど、アメリカで、奴隷があって、それが酷《ひど》い目に遭ってた事実と、これが二重写しになっているんじゃないかと。

「日本軍はレイプをさせないようにしていた」

綾織　「慰安婦問題」についても調べられました？

アイリス・チャン　うーん……、あれも、どうも確証を持てないですねえ。いや、どうもおかしい。

綾織　はい。

アイリス・チャン　おかしいですねえ。そういう事件は、米軍のほうが、よっぽどいっぱい起こしているんで。

小林　ええ。そうですね。

アイリス・チャン　どっちかといえば、うーん……。米軍にレイプされた日本人のほうが多いんじゃないでしょうか。

小林　終戦直後、横浜市内だけで一カ月に二百件以上発生しましたからね。

アイリス・チャン　ええ。すごい……、すごいですから。占領したあとの日本は、そのへんは、もうちょっと整然としていたように思われるので、おかしい。

小林　ああ、そういう認識なんですね。

綾織　日本軍は、逆に、そういう事件を防ぐ措置《そち》をやっていました。

アイリス・チャン　ですから、その売春宿《ばいしゅんやど》のようなものがあったことは分かっているんですけども。日本軍の場合は、要するに、レイプ型の婦女暴行をあんまりさせないようにしていて……。いや、こういうのを言葉にするのはとっても苦しいけれども、軍のほうは避妊具のようなものまで配布していたから。そういうことであれば、レイプは無理だと思いますね。

小林　はい、そうですね。

アイリス・チャン　レイプはできないので。そういう商売娯楽施設以外では、実はできないんじゃないかと思うので。

だから、「南京で（日本の）兵隊が、何万人もの女性をレイプのようなかたちで襲いかかって犯したみたいなことは、ちょっと考えにくいな」ということは分かってはきたんですけど。

小林　分かったんですね？

アイリス・チャン　うーん……。

9　アイリス・チャンが「死後に見た真実」とは

「自殺に見せて銃で撃ったのは、プロの手口」

綾織　その後、鬱《うつ》病になって病院に行き、ある程度、薬でコントロールされたようなかたちになっていたとのことですが、最期《さいご》に頭を銃で撃たれたことについては、誰か第三者によるものなのか、それとも、そういう状態で自殺されたのか。これはどちらなんでしょうか。

アイリス・チャン　はあ……。まあ、自殺したように……、うん、まあ、銃社会ですから、アメリカは。そんなのは簡単……。

小林　率直にお訊きします。朝、郊外の国道上に止めた車のなかで頭を撃って自殺したということになっているのですけれども、撃たれた場所、あるいは、撃った場所というのは、車のなかだったのですか。

アイリス・チャン　分からないです。うーん、覚えてない。いきなり……、いきなり、いきなり死んだので分からない……。

小林　自宅とか、病院とか、別の所ではなかったのですか。

アイリス・チャン　よく分からない。うーん、よく分からない……。自宅かもしれないという気もするんですけども。

小林　ああ。やはり自宅で。

綾織　「いきなり撃たれた」ということは、ご自身で撃ったのではないということですよね?

アイリス・チャン　うーん……。うーん。でも、(自分の)指紋を残すようにはされていたんだろうと思うんですけど。それは、「プロの手口」ですよねえ。

小林　「プロの手口」ですね。おそらく自宅だと?

アイリス・チャン　たぶんね。だから、犯人は分かんない……、けど……。

綾織　なるほど。

アイリス・チャン　うーん……、ちょっと悔しい……。っていうか、最期に口封じされたような感じがして、しかたがないので。

綾織　うん、うん。なるほど。

アイリス・チャン　いっそ、日本の忍者に斬り殺されたほうが、すっきり、はっきりして、「日本刀で背中を斬られた」とかいうほうが、むしろ、私としては名誉なこと……。

綾織　そういうことを日本人はしませんけれども。

小林　そうですね。英雄談にはなるでしょうけれども、どうも違う……。

アイリス・チャン　うーん……。

「南京霊界の地獄は、中国国内の粛清によってできた」

綾織　お亡くなりになって十年になるわけですけれども……。

アイリス・チャン　そんなになる？

綾織　はい。

アイリス・チャン　ああ、そうですか。

綾織　この間は、ずっとお一人でしたか。あるいは、地上にいらっしゃるような、とどまっているような状態だったんでしょうか。

アイリス・チャン　魂は、うーん……、南京とか、いろんなところを浮遊《ふゆう》してたような気が……。

綾織　あ！　そうですか。南京にも行かれて？

アイリス・チャン　いちおう取材には行ったんですけどねえ。南京の霊界とか。

綾織　南京霊界に？　ほう。

小林　どうでした？

アイリス・チャン　いやあ、でも、実際の霊界はですねえ、第二次大戦が終わったあとに殺された中国人の人口のほうがはるかに多くて、「南京で殺された」っていう人を探すのが難しかった。

小林　ああ、難しかった。

アイリス・チャン　うーん。実際には難しくて……。

綾織　実際には、「文化大革命」とか、そういう粛清《しゅくせい》のほうですか。

アイリス・チャン　いろんなので殺された中国人がいっぱいいて、何千万といますので……。実際、地獄はあります。

小林　あるんですね。

アイリス・チャン　そのなかで、「日本兵によって南京で殺されたか」っていうのを確認することは、非常に難しいことでした。

小林　そちらの世界でインタビューして歩いたけれども、そういう人は、見当たらなかったという感じだったのですね。

アイリス・チャン　うーん……。極めて難しかったですねえ。

「私を非難する声はたくさん聞こえてくる」

綾織　では、この十年間は、ずっと、いろいろな取材をしてこられた？

アイリス・チャン　そのようなところもあれば、何か、うーん……、悪夢のように、戦場を駆け巡ってるような感じもあったり。あるいは、アメリカかなあ。何か追われてるような感じで、アメリカを逃げ回っていたりするような、いろんなもの。

とにかく、アメリカの場合は、銃で狙ってる「マフィアの抗争」のようなものに巻き込まれているかのような「悪夢」を見ている状態が多く、中国に行く場合は、〝戦争地獄〟みたいなのがあるので、そこでの取材も兼ねてやってるけど、何だか訳が分からない感じがあって、うーん。

それから、ワールドトレードセンターの崩壊で、三千人も人が死んだあたりとかを見ても、もう、何が何だか訳が分からなくって、「正義」って何なんだかが分からなくなってきたんですね。

綾織　そうしたなかで、どなたかから「導きの言葉」をかけられたりしたことなどはありますか。

アイリス・チャン　いや、「非難の声」はいっぱい聞こえる。

綾織　ああ、非難の声ですか。

アイリス・チャン　うーん。たくさん聞こえる。非難の声はたくさん聞こえてきますけど、導き、導き、導きの声……。

小林　あるいは、どなたかとお話しされたとか。

「霊界で鄧小平《とうしょうへい》からほめられた」

アイリス・チャン　うーん、鄧小平《とうしょうへい》と会ったかなあ。

綾織　鄧小平。ああ……。それは、地獄と言われるところですね。

小林　鄧小平は何と言っていたんですか。

アイリス・チャン　何だか、握手してくれたような気がする。

小林　握手。

アイリス・チャン　うーん……。

綾織　その本の仕事について、「よくやった」といった感じですか。

アイリス・チャン　何か、「対日戦の共闘をうまくやってくれた」みたいなほめられ方をしたような気はする。

小林　なるほど。確かに、天安門事件の主犯ですからね、鄧小平は。

アイリス・チャン　うーん。天安門事件の〝差し替え〟に、これを「やらされていた」というのは、当時の私には、ちょっと認識がなかったので、よく分からなかったんですが……。だから、今、確かに、中国に問題はあります。

小林　今、綾織が質問しましたが、こちらの霊査《れいさ》によると、鄧小平は地獄のけっこう深いところにいるようなのですが（『アダム・スミス霊言による「新・国富論」』〔幸福の科学出版刊〕参照）。

アイリス・チャン　中国では「英雄」なんでしょ？　たぶんね。

小林　ええ。地上のほうではですね。

アイリス・チャン　だから、鄧小平も「英雄」、私も「英雄」なんだと思うんですけどねえ。

10 「私の本を絶版《ぜっぱん》にしてほしい」

「中国や韓国に、まだまだ私は〝使われている〟」

綾織　今日は、ご自身の仕事の総括もしていただきましたし、この十年間でいろいろな気づきもあったでしょうが、今はかなり苦しい状態で、地上あるいは一部の霊界に行かれていると思います。

しかし、今後、これが書籍になりますと、人々からの非難の声も少し和《やわ》らいでくると思うんですね。

アイリス・チャン　うーん、どうかな。今、中国や韓国はまだ、私の言ってるような方向で国策をつくって、日本を責めてるんでしょ？　南京大虐殺をもとにして、日本の自衛権に制約をかけて、今、覇権を狙っているんでしょ？
　だから、まだまだ私が使われるということになると、厳しい……。

綾織　ぜひ、最後、少なくとも、「この本を使うべからず」ということをおっしゃっていただけると、今の苦しみというのも違ってくると思うんです。

アイリス・チャン　これは絶版《ぜっぱん》にしてもらわないと困りますねえ。

小林　なるほど。

アイリス・チャン　私は使われた。どう見ても使われたので。
　今のまま、中国がこれを使って……、要するに、これを、日本およびアジアを侵略するための材料にするなら、「私の罪」はすごく深いものになるので困ります。

これ（『ザ・レイプ・オブ・南京』）は、「偽書《ぎしょ》だった」ということにしていただいたほうが、私は救われます。これを、いまだに使われてるっていうことは……。アメリカ人でも、信じている人がかなりいるんで。

これが「情報源」となって、日本がものすごい悪いことをしたと言われているけど、もし、南京を開城させるために便衣兵《べんいへい》等と戦ったことに対して、中国人の死者数が二百人程度しかいなかったのを、「三十万人を虐殺した」と言ったり、「レイプした人数が数万人」とか言ったりしていたのが、まったくの宣伝にしかすぎなかったということであったなら、私は、中国の軍事拡張のための「覇権戦争の責任」まで取れない。とても取れないので。そういうふうに使われるなんて思ってもなかったし、日本の〝悪〟を暴けると思った。

ちょっと、まだ中国が、テレビ等で抗日の映画とドラマをやり続けていますので、洗脳は続いていると思う。

小林　やっていますね。

アイリス・チャン　だけど、どう見ても、（中国が）全体主義国家であることは間違いないし、政府批判ができるような状態でもないし、今、香港も台湾も、危機を迎えているんだと思うんですよね。

だから、今、自由と民主主義が奪われようとしつつあるわけで、一元《いちげん》管理されようとし始めてる。

香港でも、五十年は、そのままの体制が維持されると言ってたのに、もう破ろうとし始めてて、私が本を出したころが、ちょうど香港返還《へんかん》のころだったと思うんですが、五十年もたってないですよねえ。本当は、まだ十何年でしょ？　それなのに、香港は、もう、北京の言うことをきかないと許されない状況になりつつあって、今、資産家は、脱出するかどうかの検討に入ってるところですよねえ。

ＣＮＮとかは、もう危ない状況だと思います。中国政府に関する通常レベルのことは報道できても、重要なことは報道できないようになってきているので、CNNの撤退もありえるんじゃないでしょうかねえ。

うーん……。（中国は）アメリカの言うことをきかなくなってきてると思いますね。

「今、中国は日本もアメリカも支配しようとしている」

及川　もし、ご存じだったら、お教えいただきたいのですが、「抗日連合会」と「アメリカ」は、どういうつながりなのでしょうか。

アイリス・チャン　うーん。どういうつながりって……。

及川　アメリカ政府とつながっていますか。

アイリス・チャン　いや、ですから、戦後は、連合国による国連体制っていうのを維持することが正義だったと思うんですよ。だけど、その国連の常任理事国同士での冷戦が始まって、もう、その後は、「正義とは何か」が分からなくなってしまった。

まあ、「アメリカの正義」というふうに来てたけど、アメリカも、テロ以降はおかしくなってきているし、民主党と共和党が交替するたびに、どうも、正義の基準もずれてきてる。

だから、今の日本が正しいのか間違っているのかも、アメリカ人にとっては判断しかねるところもあったりしますし、オバマさんの任期が終わらないうちに、中国の影響下に置かれるのではないかっていうのも出てきてるみたいなので、そういうことであれば、私の仕事は、正しい仕事ではなかった可能性が……。

及川　いや、米中が接近して、日本を叩くための……。

アイリス・チャン　接近じゃなくて、中国はアメリカを支配しようとしています。今、明らかに。財政赤字のところに付け込んで、アメリカを支配しようとしてますでしょ？

それで、日本が憲法改正ができないところを「弱み」と見て、野党や、そういう平和活動家のところを支援しながら、日本を法律のところで支配しようとしています。アメリカには、お金のところで支配しようとし始めて、今、ジャーナリズムも買収に入っているはずですよねえ。

だから、私は、そこまでのことを自覚してやったわけではなかったので。ルポライター的にも、「何かを暴《あば》く」というようなことは、ジャーナリストとして大事なことなので……、どうぞ許してください！　ごめんなさい！

日本のみなさん、ごめんなさい。私の本は「偽書」です！　絶版にしてください。読まないでください。これは、間違ってるんです……。すみません！　ごめんなさい！

小林　日本人だけではなく、アメリカおよび中国の人に対して、ぜひ、コメントをお願いします。

11 「南京大虐殺はなかった。ごめんなさい」

「日本の名誉は回復されなくてはなりません。絶対に」

アイリス・チャン　私の本を利用しないでください！　悪用しないでください。これを悪用して、「世界遺産にどうのこうの」って言っていましたが、こんなのを世界遺産にしないでください。頼みます。

いくら何でも、〝白髪三千丈《はくはつさんぜんじょう》の国〟でも、嘘はいけません。嘘をついちゃいけません。

原爆が落ちたのは事実です。人が死んだのも事実です。東京大空襲で焼夷弾《しょういだん》によってたくさんの人を焼き殺したのも事実です。これは言い逃れなしです。実際にやったことです。

でも、これ（南京事件）はなかったことを、やったとしてるんですから、日本の名誉は回復されなければいけません。絶対に。

戦争ですから、人が死ぬことはあるとは思いますけども、そういうふうに、全部を、何かの目的のために利用して、宣伝に使われるってことは、ジャーナリストとしての良心に反する部分はあるので、どうか、私の本を、そういう反日や抗日、あるいは中国の覇権を正当化するために使うのはやめていただきたい。そう思います。だから、日本の心ある人たちが、一生懸命に私の本を批判なされたことに関しては、今、「本当に申し訳ない」という気持ちでいっぱいです。

そんなに偉くなかったので、そこを〝狙われた〟んです。若くて、本が書きたくて、有名になりたくて、野心があったところを狙われて、本が売れて喜んでいた。能天気で、そういう国際情勢の、どういうところまで影響するかまでは分からなかったんです！　当時、そこまで分からなかったんで、今、こんなに大きな問題になったりするのは、よくないです。

「『八十年も前に、日本が悪事を働いた』というようなことを理由にして、中国に脅され、中国がアジアを支配しようとしている」というのに加担することには、私は賛成できない。それはおかしい。これは絶対おかしい。

ちゃんとした「言論の自由」や「信教の自由」があって、中国を自由と民主主義の国に生まれ変わらせるほうが正しいと思います。

これから、中国から亡命者がいっぱい出ると思いますけども、「過去に被害を受けたっていうことで、正当化はできないんだ」っていうことを知っていただきたいと思います。

「日本のみなさま、ごめんなさい！　許してください」

アイリス・チャン　まさか、こんな本一冊で、日本のみなさんに、そんな大きな影響が出るとは思ってなかったので、ほんとに申し訳ないです。「ジャーナリストとして成功したい」という野心のところが、こんな重荷《おもに》になったっていうことが申し訳ない。
今、あなたがたが考えてるような「中国の民主化・自由化」に成功し、鄧小平の天安門の「悪事」とかが、天下に明らかにされるまで、私の罪は許されないだろうと思います。
ごめんなさい！　日本のみなさまが許してくだされば、かなり、私は楽になります。許してください。ごめんなさい。利用されたんです。若くて分からなくて、すみません。戦後生まれで分かるわけないんです……、ほんとは。

綾織　今日は、大事な告白をしてくださったので……。

アイリス・チャン　すみません。戦後二十何年もたって生まれた人間に、分かるわけないんです。中国系だからといって、ねえ……。戦争中の上海《シャンハイ》や南京《ナンキン》にいた日本人は、たくさん、引き揚げて日本に帰ってきてるはずですから、実際に、それだけのことがあれば、情報として、ちゃんと、日本人には伝わってるはずです。だから、それが出てなかったのにもかかわらず、それを、私の本で、あったことになってしまったっていうなら、まことにもって申し訳ないので……。ほんとに、すみません!

綾織　今日、懺悔《ざんげ》というようなかたちで、頂きましたので……。

アイリス・チャン　もう、許しをください。許しの言葉が欲しいんで……。許してください。許してください。

「安倍首相は〝ヒトラーの再来〟ではなく、ヒトラーは中国にいる」

小林　今後、今回の霊言が、日本国内だけではなくて、アメリカ、中国、それから、世界に広がっていくと思いますので、それを後押ししてくだされば、許されるのではないかと思います。

アイリス・チャン　いや、私に、そんな力はないんです。私に力はないですが、今、中国に追われている民主主義活動家たちが、あなたがたと接触してると思いますけども、助けてあげてください。

アメリカは、本来、そちらを助けなければいけないわけで……。自分らが原爆を落としたとか、東京を〝丸焼け〟にしたというようなことの「罪の意識」を、国民に知らせたくないっていう気持ちは分かるけども、すでに、そのあと、ベトナム戦争やイラク戦争で、さんざん悲惨な行為はたくさん起きてきているので、それは、もう、やっぱり、プライドを抑えて、真実につかねばならないと思うので……。

神様……、どうか、私をお許しください！　すみませんでした。ごめんなさい。

私の本を信じて動いているアメリカ人や中国系のアメリカ人、中国の政治家に利用されている、要するに、洗脳されてる国民たち、それから、日本の善良な、「自分たちの先祖が悪いことをした」と思って反省して、謝ってばかりいる日本人たち、みんなに申し訳ないことをしました。どうか許してください。ごめんなさい！

事実ならしかたがないけど、事実じゃないことでの、そういう「濡《ぬ》れ衣《ぎぬ》」は、やっぱり、晴らさないといけないと思います。

だから、私の本でもって、国論を決めたり、国策を決めたり、そういう、法律問題を決めたりするのはやめてください。

これは間違いだと思って……、あなたがたの国だって、今、狙われてるんですから。占領されようとしてるので、「憲法九条」を弱みとして、完全に狙ってるので。中国のほうは、第一撃で（日本に）壊滅的な被害を与えさえすれば、もはや、どうにもならないことを知ってるし、日本が、反撃というかたちでしかできないことを知ってるので、やると思います。

うーん……、安倍さんがやってることは、「ヒトラーの再来」じゃないです。ヒトラーは、今、中国の側にいると思います。だから、私を、そちらの側につけないでください。お願いします。切り離してください。

小林　分かりました。

「アメリカも今、反省すべきときに来ている」

アイリス・チャン　私は、殺されました。だから、どうか、間違って利用されたんだということを理解していただき、私の本を批判してきた日本の作家や評論家、ジャーナリスト、いろいろな方々に対しては、この場を借りて、「本当に、おっしゃるとおりでした。申し訳ありません」と……。

さらに、私の言論を利用して、まだ、売文業をやっている人たちに対しては、「これは、捏造《ねつぞう》された内容で、一九九七年に発掘された事実なんて、そんなものはないんだ」ということを……。ハア、ハア（荒い息遣い）……、「六十年もたってから出てくるような真実なんていうのはないんだ」ということを、どうか、知っていただきたいと思います。

中国から引き揚げた日本人は、たくさんいたんです。証人は、たくさんいたんです。上海とか、南京とかに、日本人がたくさんいて、みんな、国内に帰ってきているんです。だから、分かっているんです。調べれば分かるはずです。それは、百人に訊いたら、だいたい、全部、分かるはずです。

だから、なかったことを、そういうふうにするのは、よくないことです。

アメリカも、今、それを反省すべきときに来ていると思います。それが、どういう結果を招くか、これから来ることですけども、何と言うか、二者択一《にしゃたくいつ》で選んだもの……。

あと、災《わざわ》いを招いている結果をよく知るべきだと思います。どうか、私の本を次の戦争なんかの〝引き金〟にしないようにお願いしたいと思います。

小林　はい。分かりました。よく理解し、広めていきたいと思います。伝えていきたいと思います。

アイリス・チャン　すみません……。

まあ、「死人に口なし」と中国は思っているでしょうけれども、一部は、私の霊言を信じてくれる人もきっといると思います。

小林　はい。

アイリス・チャン　きっと、いると思いますので、事実がどうであったのか、真実がどうであったのかを見極めなかったら、善悪が分からないと思います。

日本の立派な軍人さんたちにも、たいへん申し訳ないことをしたし、靖国《やすくに》に祀《まつ》られている人たちにも、「ヒトラーの銅像を祀るようなもんだ」みたいな言い方をしたことに対しては、たいへん申し訳なかったと思っています。

どうぞ、許してください。すみませんでした。

小林　はい。分かりました。

綾織　十分、伝わると思います。

アイリス・チャン　はい。

小林　本日は、この場にお越しいただきまして、本当にありがとうございました。

アイリス・チャン　すみませんでした……。

12　アイリス・チャンの霊言を終えて

大川隆法　（手を一回叩く）ああ、これは大変だ。

「そこまで考えてはいなかった」というのは、ずっと利用され続けているということですね。死んで影響力がなくなったかと思ったら、死んだら余計《よけい》、〝使い放題〟になったということでしょう。生きていたら、「違っている」とか言えたのが、言えなくなったということです。

「殺された」とはっきり言っているから、たぶんそうなのでしょう。殺されて、口封じされたのでしょう。「利用されて、捨てられた」と見るべきです。

私より十二歳も年下の人やアメリカ人が、南京大事件の真相なんて分かるわけがないです。どうして分かるのですか。英文資料もあるわけがないですから、現地にいた人でなければ分からないはずです。

渡部昇一さんが、朝の三時から夢枕に立って離れなかった理由は、「これがとても大きな原点の部分だ」ということだろうと思います。「ここを誰かが晴らさなければいけないのだ」ということでしょう。いくら反論しても、聞いてくれなければそれまでですし、中国政府はいまだに、ずっとこの論調でやっているわけです。

しかし、一九八九年の天安門事件で、軍隊が学生を何人殺したかさえ分からない国が、どうして八十年前に日本人が三十万人も殺して、何人レイプしたかまでつかめるのか、この不思議はどうにもならないです。非常に、「ご都合《つごう》主義」で言っているとしか思えません。やはり、世界の一等国としての誇りは、持てるような状況にはないのではないでしょうか。

例えば、「日本の航空機なんて、いつでも撃墜《げきつい》できるぞ」と脅《おど》してきているようですし、日本は国会で議論しても、自分たち（中国）の味方をするような野党や他の政党がいるということで、日本はものすごく脆弱《ぜいじゃく》に見えるのでしょう。中国には、民主主義の国というのはものすごく弱く、国論がまとまらない国に見えていて、一《いち》元《げん》管理できる自分たちのほうが、よほど強いと思っているのだと思うのです。

ただ、今、周辺国や自治国も合わせて反撃し、〝包囲網〟がつくられ、だんだん包囲されているのはあちら（中国）のほうだということが、次第しだいに明らかになってきています。

韓国も「中韓同盟」のように行こうとしていましたが、今は韓国も〝沈没〟してきて、「反省」させられようとしているところだと思います。

「神の怒り」は、正しく降《お》りてくると思います。正当な活動で発揮させるのがよろしいとは思いますが、そうでなければ、今の上海《シャンハイ》が大雨によって腰まで水に浸《つ》かってるようないろいろなことが、今後、もっともっと起きてくるかもしれません。

最終的には、決着をつけます。そのつもりで頑張ろうと思います。

一同　ありがとうございます。

あとがき

やっぱりそうだったか。五万人ばかりの日本軍が、南京で三十万人以上もの民間人らを殺せるわけはないと思っていた。創《つく》り話《ばなし》のうまい中国に、アメリカ人がまんまと利用されたのだ。しかも、著者自身も悲劇の渦中《かちゅう》に巻き込まれるとは。アイリス・チャンは、阿修羅《あしゅら》地獄から無間《むけん》地獄の間を漂《ただよ》っているようだが、その善意から出た罪は重い。

日本人全員、アメリカ人全員、洗脳されている中国民衆全員のゆるしが必要だろう。今は彼女の救いの日がいつかよりも、日本の危機とアジアの危機が乗り越えられるかどうかだ。新しい元寇《げんこう》に、私たちは、まず思想戦から立ち向かってゆかねばなるまい。そして大中華帝国の野望を、自由化、民主化の力で抑止《よくし》してゆかねばならないのだ。

二〇一四年　六月十二日

幸福《こうふく》の科学《かがく》グループ創始者兼総裁《そうししゃけんそうさい》　大川隆法《おおかわりゅうほう》

『天に誓って「南京大虐殺」はあったのか』大川隆法著作関連書籍

『危機の時代の国際政治——藤原帰一東大教授守護霊インタビュー——』
（幸福の科学出版刊）
『従軍慰安婦問題と南京大虐殺は本当か？』（同右）
『守護霊インタビュー 朴槿惠韓国大統領 なぜ、私は「反日」なのか』（同右）
『アダム・スミス霊言による「新・国富論」』（同右）
『神に誓って「従軍慰安婦」は実在したか』（幸福実現党刊）
『世界皇帝をめざす男』（同右）
『中国と習近平に未来はあるか』（同右）

天《てん》に誓《ちか》って「南京大虐殺《ナンキンだいぎゃくさつ》」はあったのか

――『ザ・レイプ・オブ・南京』著者アイリス・チャンの霊言――

2014年6月13日　初版第1刷
2014年6月27日　第2刷

著　者　大《おお》川《かわ》隆《りゅう》法《ほう》

発行所　幸福の科学出版株式会社

〒107-0052 東京都港区赤坂2丁目10番14号
TEL(03)5573-7700
http://www.irhpress.co.jp/

印刷・製本　株式会社 東京研文社

落丁・乱丁本はおとりかえいたします

ISBN978-4-86395-489-2 C0030

大川隆法霊言シリーズ・正しい歴史認識を求めて

本多勝一の守護霊インタビュー

朝日の「良心」か、それとも「独善」か

「南京事件」は創作!「従軍慰安婦」は演出! 歪められた歴史認識の問題の真相に迫る。自虐史観の発端をつくった本人(守護霊)が赤裸々に告白!
【幸福実現党刊】

1,400円

従軍慰安婦問題と南京大虐殺は本当か?

左翼の源流 vs. E.ケイシー・リーディング

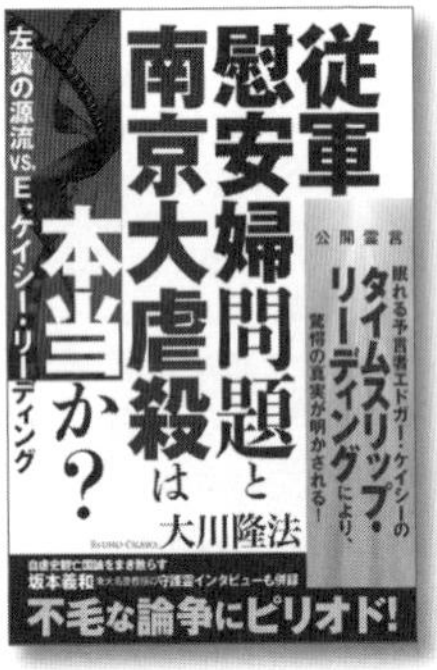

「従軍慰安婦問題」も「南京事件」も中国や韓国の捏造だった! 日本の自虐史観や反日主義の論拠が崩れる、驚愕の史実が明かされる。

1,400円

「河野談話」「村山談話」を斬る!

日本を転落させた歴史認識

根拠なき歴史認識で、これ以上日本が謝る必要などない!! 守護霊インタビューで明らかになった、驚愕の新証言。「大川談話(私案)」も収録。

1,400円

※表示価格は本体価格(税別)です。

幸福の科学グループのご案内

宗教、教育、政治、出版などの活動を通じて、地球的ユートピアの実現を目指しています。

宗教法人　幸福の科学

一九八六年に立宗。一九九一年に宗教法人格を取得。信仰の対象は、地球系霊団の最高大霊、主エル・カンターレ。世界百カ国以上の国々に信者を持ち、全人類救済という尊い使命のもと、信者は、「愛」と「悟り」と「ユートピア建設」の教えの実践、伝道に励んでいます。

（二〇一四年六月現在）

愛

幸福の科学の「愛」とは、与える愛です。これは、仏教の慈悲《じひ》や布施《ふせ》の精神と同じことです。信者は、仏法真理をお伝えすることを通して、多くの方に幸福な人生を送っていただくための活動に励んでいます。

悟り

「悟り」とは、自らが仏の子であることを知るということです。教学《きょうがく》や精神統一によって心を磨き、智慧《ちえ》を得て悩みを解決すると共に、天使・菩薩《ぼさつ》の境地を目指し、より多くの人を救える力を身につけていきます。

ユートピア建設

私たち人間は、地上に理想世界を建設するという尊い使命を持って生まれてきています。社会の悪を押しとどめ、善を推し進めるために、信者はさまざまな活動に積極的に参加しています。

海外支援・災害支援

国内外の世界で貧困や災害、心の病で苦しんでいる人々に対しては、現地メンバーや支援団体と連携して、物心両面にわたり、あらゆる手段で手を差し伸べています。

自殺を減らそうキャンペーン

年間約３万人の自殺者を減らすため、全国各地で街頭キャンペーンを展開しています。

公式サイト　www.withyou-hs.net

ヘレンの会

ヘレン・ケラーを理想として活動する、ハンディキャップを持つ方とボランティアの会です。視聴覚障害者、肢体不自由な方々に仏法真理を学んでいただくための、さまざまなサポートをしています。

公式サイト　www.helen-hs.net

教育

学校法人
幸福の科学学園

学校法人 幸福の科学学園は、幸福の科学の教育理念のもとにつくられた教育機関です。人間にとって最も大切な宗教教育の導入を通じて精神性を高めながら、ユートピア建設に貢献する人材輩出を目指しています。

幸福の科学学園

中学校・高等学校（那須本校）
2010年4月開校・栃木県那須郡（男女共学・全寮制）
TEL **0287-75-7777**
公式サイト **happy-science.ac.jp**

関西中学校・高等学校（関西校）
2013年4月開校・滋賀県大津市（男女共学・寮及び通学）
TEL **077-573-7774**
公式サイト **kansai.happy-science.ac.jp**

幸福の科学大学（仮称・設置認可申請中）
2015年開学予定
TEL **03-6277-7248**（幸福の科学 大学準備室）
公式サイト **university.happy-science.jp**

仏法真理塾「サクセスNo.1」 TEL **03-5750-0747**（東京本校）
小・中・高校生が、信仰教育を基礎にしながら、「勉強も『心の修行』」と考えて学んでいます。

不登校児支援スクール「ネバー・マインド」 TEL **03-5750-1741**
心の面からのアプローチを重視して、不登校の子供たちを支援しています。
また、障害児支援の**「ユー・アー・エンゼル!」**運動も行っています。

エンゼルプランV TEL **03-5750-0757**
幼少時からの心の教育を大切にして、信仰をベースにした幼児教育を行っています。

シニア・プラン21 TEL **03-6384-0778**
希望に満ちた生涯現役人生のために、年齢を問わず、多くの方が学んでいます。

NPO
活動支援

学校からのいじめ追放を目指し、さまざまな社会提言をしています。また、各地でのシンポジウムや学校への啓発ポスター掲示等に取り組むNPO「いじめから子供を守ろう！ネットワーク」を支援しています。

公式サイト **mamoro.org**
相談窓口 **TEL.03-5719-2170**
ブログ **mamoro.blog86.fc2.com**

政治

幸福実現党

内《ない》憂《ゆう》外《がい》患《かん》の国難に立ち向かうべく、二〇〇九年五月に幸福実現党を立党しました。創立者である大川隆法党総裁の精神的指導のもと、宗教だけでは解決できない問題に取り組み、幸福を具体化するための力になっています。

党員の機関紙
「幸福実現NEWS」

TEL 03-6441-0754
公式サイト hr-party.jp

出版メディア事業

幸福の科学出版

大川隆法総裁の仏法真理の書を中心に、ビジネス、自己啓発、小説など、さまざまなジャンルの書籍・雑誌を出版しています。他にも、映画事業、文学・学術発展のための振興事業、テレビ・ラジオ番組の提供など、幸福の科学文化を広げる事業を行っています。

アー・ユー・ハッピー?
are-you-happy.com

ザ・リバティ
the-liberty.com

幸福の科学出版
TEL 03-5573-7700
公式サイト irhpress.co.jp

THE FACT

ザ・ファクト
マスコミが報道しない
「事実」を世界に伝える
ネット・オピニオン番組

Youtubeにて
随時好評配信中!

ザ・ファクト　検索

入会のご案内

あなたも、幸福の科学に集い、ほんとうの幸福を見つけてみませんか？

幸福の科学では、大川隆法総裁が説く仏法真理をもとに、
「どうすれば幸福になれるのか、また、
他の人を幸福にできるのか」を学び、実践しています。

入会

大川隆法総裁の教えを信じ、学ぼうとする方なら、どなたでも入会できます。入会された方には、『入会版「正心法語」』が授与されます。（入会の奉納は1,000円目安です）

ネットでも**入会**できます。詳しくは、下記URLへ。
happy-science.jp/joinus

三帰《さんき》誓願《せいがん》

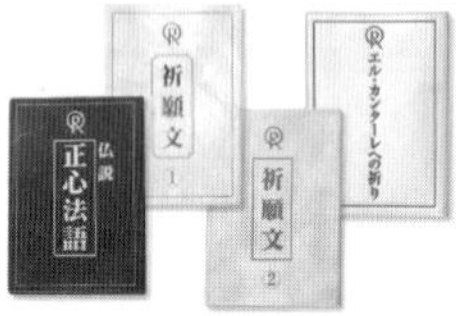

仏弟子としてさらに信仰を深めたい方は、仏・法・僧の三宝への帰依を誓う「三帰誓願式」を受けることができます。三帰誓願者には、『仏説・正心法語』『祈願文①』『祈願文②』『エル・カンターレへの祈り』が授与されます。

植福《しょくふく》の会

植福は、ユートピア建設のために、自分の富を差し出す尊い布施の行為です。布施の機会として、毎月1口1,000円からお申込みいただける、「植福の会」がございます。

「植福の会」に参加された方のうちご希望の方には、幸福の科学の小冊子（毎月1回）をお送りいたします。詳しくは、下記の電話番号までお問い合わせください。

月刊「幸福の科学」

ザ・伝道

ヤング・ブッダ

ヘルメス・エンゼルズ

INFORMATION	**幸福の科学サービスセンター** **TEL. 03-5793-1727**（受付時間 火～金：10～20時／土・日：10～18時） 宗教法人 幸福の科学 公式サイト **happy-science.jp**